AF324520

CATALOGUE

D'UNE COLLECTION DE

MONNAIES

FRANÇAISES ET ETRANGÈRES

EN OR, ARGENT ET BRONZE

De Monnaies Romaines et Grecques
de Médailles Françaises et Étrangères
en tous métaux

DONT LA VENTE AURA LIEU

Après Décès de M. LE CAUCHOIS-FÉRAUD

Intendant général inspecteur
Président du Comité permanent d'administration
Commandeur de la Légion d'honneur et de l'Ordre du Medjidié de Turquie
Chevalier de l'Ordre de Léopold de Belgique

HOTEL DES COMMISSAIRES-PRISEURS

RUE DROUOT, 5, SALLE N° 7

Le Samedi 30 Octobre 1869

A UNE HEURE ET DEMIE

Par le ministère de M° **DELBERGUE-CORMONT**, Commiss.-Priseur
rue de Provence, 8,

Assisté de MM. **ROLLIN** et **FEUARDENT**, Experts,
rue Vivienne, 12.

EXPOSITION PUBLIQUE

Le Mercredi 27 Octobre 1869, de une heure à quatre heures

PARIS — 1869

CONDITIONS DE LA VENTE

Elle sera faite au comptant.

Les Acquéreurs paieront CINQ POUR CENT en sus des enchères, applicables aux frais.

N. B. On offrira l'achat en un seul lot du grand médaillier de Médailles historiques du tiroir nᵒ 1 au tiroir nᵒ 59.

DÉSIGNATION

MONNAIES GAULOISES

1. Namnetes, Electrum. 2 pièces.
2. Massilia. AR. 19 pièces.
3. Longostaleti, Nemausus, Remi, Massilia. Æ. 15 p.
4. Tolosates Volcae, etc. AR. 20 pièces.
5. Triens de Grimoald, prince de Bénévent. ℞. *Doms car rex* (Charlemagne). AV. 1 pièce.
6. **Charlemagne**, Melle, **Louis le Débonnaire**. AR. 10 pièces.
7. **Louis le Débonnaire**, Charles le Chauve, Courtisson, Orléans, Le Mans. AR. 16 pièces.
8. **Charles le Gros**, Arles, Bourges, Nevers, Chartres; **Eudes**, Blois, Limoges, Toulouse; **Charles le Simple**, Melle, **Lothaire**, empereur; **Bourges**. 29 pièces.
9. **Louis V, VI, VII, VIII.** Angoulême, Orléans, Bourges, Pontoise, Château-Landon, Paris. AR et Bil. 23 pièces.
10. **Louis IX, X.** Gros et deniers tournois; **Philippe III, IV, V**, gros et deniers tournois, bourgeois fort, bourgeois nouveau, moneta duplex, etc. AR et Bil. 33 pièces.
11. **Philippe le Hardy**, petit royal, pièce fausse du temps en argent doré; gros royal de **Philippe IV**. 2 pièces.
12. **Philippe VI.** Chaise. AV. 1 pièce.
13. — Gros tournois et monnaies noires. AR. Bil.

14. **Jean le Bon**. Cavalier, mouton, royal, florin
FRANTIA. AV. 7 pièces.

15. — Grands blancs à la fleur de lys, à la couronne, etc.;
blancs variés. Bil. 11 pièces.

16. **Charles V**, franc à pied; **Charles VI**, Aignel.
AV. 2 pièces.

17. **Charles VI**. Royal, écu d'or; **Charles VIII**, écu
d'or. AV. 3 pièces.

18. **Charles IV**; **Charles V, VI, VII**. Gros et demi-
tournois, blancs et 1/2 blancs. AR. Bil. 38 pièces.

19. **Henri VI**. Saluts, variés pour le différent. AV.
3 pièces.

20. — Blancs et monnaies noires. Bil. 20 pièces.

21. **Louis XI**. Écu d'or, blancs et divisions. Bil.
4 pièces.

22. **Charles VIII**. Écus d'or. 3 pièces.

23. — Blancs variés. Bil. 8 pièces.

24. **Louis XII**. Écus d'or. 4 pièces.

25. — Blancs variés. 15 pièces.

26. **François Ier**. Écu d'or pour la Bretagne, pour le
Dauphiné. 3 pièces.

27 — Jeton à la Salamandre, testons, 1/2 testons, blancs,
liards, etc. AR. Bil. 19 pièces.

28. **Henri II**. Henri d'or, 1559. 1 pièce.

29. — Testons, gros de nesle, blancs, etc. AR. Bil.
33 pièces.

30. **Charles IX**. Écu d'or.

31. — Testons, blancs, liards, etc. AR. Bil. 23 pièces.

32. **Henri III**. 1/2 francs, 1/4; quarts d'écu, blancs,
doubles tournois, deniers tournois. AR. Bil., cuivre.
34 pièces.

33. **Charles X**. Cardinal de Bourbon. Quarts d'écu,
blancs, double tournois. AR. Bil., cuivre. 8 pièces.

34. **Henri IV**. Quarts de franc, quarts d'écu, blancs, liards, double tournois, deniers tournois. AR. Bil., cuivre. 34 pièces.

35. **Louis XIII**. Écu d'or, demi-louis. AV. 3 pièces.

36. — Quarts d'écu, 1/8 d'écu, doubles tournois, deniers tournois. AR. Cuivre. 27 pièces.

37. **Louis XIV**. Louis, 1/2 louis. AV. 4 pièces.

38. — Écus. AR. 5 pièces.

39. — Écus. AR. 5 pièces.

40. — Écus, 1/2 écus. AR. 5 pièces.

41. — 1/2 écus, 1/4 écus. AR. 8 pièces.

42. — Divisions d'écus. AR. 27 pièces.

43. — Blancs, liards, doubles tournois. Bil., cuivre. 28 pièces.

44. **Louis XV**. Louis, 1/2 louis. 3 pièces.

45. — Écus. AR. 5 pièces.

46. — Écus. AR. 5 pièces.

47. — 1/2 écus et divisions. AR. 29 pièces.

48. — Sous, 1/2 sous, liards, deniers, etc. Bil., cuivre. 23 pièces.

49. **Louis XVI**. Écu dit de Calonne, gravé par Droz. AR. 1 pièce.

50. — Écus et 1/2 écus. AR. 6 pièces.

51. — Divisions. AR. 21 pièces.

52. — Louis 1783, 1793. AV. 2 pièces.

54. — Écus constitutionnels, 1792, 1793. AR. 3 pièces.

55. — 30 sous, 15 sous. AR. 12 pièces.

56. — **République française**. 24 livres, 6 livres et piastre avec la tête de Louis XVI en contremarque. AV. AR. 3 pièces.

57. **Louis XVI**. 2 sous, 1 sol, liard, 12 deniers, 6 deniers, etc, cuivre. 50 pièces.

58. **République française**, 2 sous, 1 sol, 1 décime, 5 centimes, monnerons, monnaies de confiance, etc.. cuivre, 53 pièces.

59. **Napoléon**, empereur. 20 francs, l'Italie délivrée à Marengo ! 5 francs République subalpine. AV. AR. 4 pièces.
60. — 5 francs, une frappée à Rome. AR. 3 pièces.
61. — 2 francs, 1815 ; Essai en bronze, 5 fr. de Droz. AR. Cuivre. 3 pièces.
62. — Divisions. AR. 22 pièces.
63. — 10 centimes à l'aigle, centimes, soldo, 5 centimes à l'**N**, etc. Cuivre. 28 pièces.
64. **Napoléon II.** 2 francs, essai de 1816. AR.
65. **Louis XVIII.** 5 fr. 1814 ; divisions. AR. Cuivre. 10 pièces.
66. **Charles X.** 5 fr., 1824, 10 centimes, 5 centimes des colonies. AR. Cuivre. 6 pièces.
67. **Henri V.** 5 fr., 1 fr., 1/2 fr. AR. 4 pièces.
68. **Louis-Philippe.** 5 fr., 2 fr., 1 fr., 1/4 fr. AR. 9 pièces.
69. — Sous et Divisions, essais en cuivre. 13 pièces.
70. **République 1848.** 5 fr., 1 fr., 20 centimes. AR. Cuivre. 8 pièces.
71. — Piéforts et essais, concours de 1848. Cuivre, étain. 36 pièces.
72. **Napoléon III.** 20 fr., 10 fr., 5 fr. AR. 3 pièces.
73. — 2 fr., 1 fr., 50 cent., 10 cent., 5 cent., 1 cent. AR. Cuivre. 24 pièces.
74. — Pièce de siége et de nécessité ; la plus part sous le règne de Napoléon Ier. Hambourg, Zamocz, Girone, Barcelone, Anvers, etc. Cuivre et AR. 24 pièces.

MONNAIES SEIGNEURIALES

75. **Bretagne.** François II, cavalier. AV. 2 pièces.
76. — François II. Jean III, Etienne de Guingamp, etc. AR et Bil. 15 pièces.
77. — Lot à peu près semblable. AR et Bil. 14 pièces.

78. **Anjou**. Geoffroy, Charles II ; **Le Mans**, Herbert II,
Abbaye de **Saint-Martin de Tours**. Bil. 20 p.

79. **Vendôme. Châteaudun**, Saint-Maiole, prieur de
Souvigny, Nevers. Bil. 35 pièces.

80. **Clermout-Ferrand , Angoulême , La Mar-
che**, etc. Bil. 25 pièce.

81. **Anglo-française. Aquitaine**, Bearne. Billon.
24 pièces.

82. **Navarre** Antoine et Jeanne, testons, deniers. AR.
4 pièces.

83. **Orange**. Florin de Raimond, **Provence, Ro-
dez**, etc. AV. AR. Bil. 30 pièces.

84. **Vienne, Lyon**, Conrade, **Dombes**. Henri, Louis.
AR. Bil. 11 pièces.

85. Franche-Comté, Besançon. Écu, divisions. AR. Bil.
15 pièces.

86. Duché de Bourgogne. Charles le Téméraire, Philippe le Hardy, Philippe le Bon. AR. Bil. 9 pièces.

87. Champagne. **Troyes, Provins, Meaux, Reims**,
Bil. 12 pièces.

88. Flandres, Hainault, Alsace, **Mulhouse** écu ; **Stras-
bourg** écu et divisions. AR. Bil. 11 pièces.

89. **Château-Renaud**. François de Bourbon et Mar-
guerite de Lorraine. AV. 1 pièce.

90. **Lorraine**. Ferry Ier, II, Anthoine, Henri, Charles
et Nicolle. AR. 18 pièces.

91. — Charles III. AR. 30 pièces.

92. — Léopold Ier. AR. Bil. 15 pièces.

93. — Charles IV. AR. Bil. 14 pièces.

94. **Verdun**. Thierry-**Metz**, Jacques, Thierry-de-Bop-
part, Cité, etc. AR. Bil. 25 pièces.

MONNAIES ÉTRANGÈRES

95. **Angleterre.** Édouard III, Henri VII, Élisabeth, Charles Ier, Anne, Georges II, Georges III, Guillaume IV, Victoria. AV. AR. 35 pièces.

96. **Belgique, Hollande, Pay-Bas**, etc. AR. Bil. 33 pièces.

97. **Autriche, Hongrie, Bohême, Transylvanie.** AR. Bil. 39 pièces.

98. **Espagne.** Charles III. **Portugal**, Jean III. AV. 4 pièces.

99. — Pierre le Cruel, Charles II, Philippe IV, Philippe V, Charles III, Ferdinand VII, Joseph-Napoléon, Isabelle II. AR. 47 pièces.

100. **Piémont, Savoie.** Charles-Emmanuel, Charles-Félix, Victor-Amédée, Charles-Albert, Victor-Emmanuel. AR. Bil. 20 pièces.

101. **Papes.** Léon XII, Clément XII, Pie VI, sede vacante, Grégoire XVI, Pie IX. République. AR. 18 pièces.

102. **Royaume de Naples.** Charles II, Ferdinand IV et Caroline, Joseph-Napoléon, Murat, République napolitaine, Ferdinand Ier. AV. AR. 12 pièces.

103. **Raguse, Parme, Bologne, République ligurienne, Gênes Lucques**, etc. AR. Bil. 9 pièces.

104. Gaule subalpine, Bologne, République ligurienne, Gênes, Lucques, etc. AR. Bil. 9 pièces.

105. **Venise.** Pierre Ziani, Jean Cornelio, Louis Manin, République. AR. Bil. 8 pièces.

106. **Malte.** Jean Lévesque de la Cassière, Jean Valletté, Emmanuel de Rohan. AV. 4 pièces.

107. — Manuel de Villhena, Ximenes de Texada, Emmanuel de Rohan, Ferdinand Hompesch. AR. 9 pièces.

108. **Portugal**. Maria I, Petrus II, Jean, Maria II. AV.
AR. 9 pièces.

109. **Suisse**. AR. Bil. 54 pièces.

110. **Prusse**. Frédéric le Grand, Frédéric-Cuillaume,
Frédéric-Guillaume III, Frédéric-Guillame IV, Guillaume et Augusta. AR. Bil. 27 pièces.

111. **Saxe**. Jean-Georges, Frédéric-Auguste, Antoine,
Jean V. AR. 10 pièces.

112. **Bavière**. Maximilien-Joseph, Louis Ier, Maximilien II.
AR. Bil. 23 pièces.

113. **Westphalie**. Jérôme-Napoléon. **Berg**, Murat.
Brunswick, Guillaume. **Wurtemberg**, Frcdé-
ric Ier. AR. Bil. 17 pièces.

114. **Hanovre**. Ernest-Auguste, Georges Ier. **Munster-
Nassau**, Adolphe, etc. AR. Bil. 17 pièces.

115. **Aix-la-Chapelle**, **Cologne**, **Francfort**, **Lu-
beck**. AR. Bil. 12 pièces.

116. **Bade**. Louis Ier, Louis II, Frédéric régent. 9 pièces.

117. **Grèce**. Capo-d'Istria, Othon, Georges. AR. 5 pièces.

118. **Dannemarck**. Frédéric IV, Frédéric VI, Christian VII, Christian VIII. AR. Bil. 9 pièces.

119. **Suède** et **Norvége**. Charles XI, Charles XII, Ul-
rich-Éléonord, Frédéric, Gustave III, Gustave IV, Charles XIII, Charles XIV, Oscar, Charles XV. AR. Bil.
16 pièces.

20. **Pologne**. Sigismond III, Étienne, Auguste II, Auguste III, Stanislas-Auguste, Révolution, etc. AR. Bil.
20 pièces.

21. **Russie**. Pierre le grand, Catherine, Ivan III, Anne,
Élizabeth, etc. AR. 21 pièces dont 1 en platine.

22. **États-Unis d'Amérique**. AR. 8 pièces.

23. **Haytie**. Boyer, Petion, République. AR. Bil. 8 pièces.

21. **Amérique du sud**. Bolivar, Chili, Pérou, la Nou
velle-Grenade, la Plata, etc. AR. 11 pièces.

125. **Mexique**. République, Augustin Iturbide, Pierre Ier, etc. AV. AR. 8 pièces.
126. **États barbaresques**. AV. 3 pièces.
127. — Alger, Tunis, etc. AR. Bil. 53 pièces.
128. **Inde, Japon**. AR. 11 pièces.

MÉDAILLES MODERNES, GRAND MÉDAILLIER

Tiroir n° 1. Médailles et jetons des rois de France depuis Clodion jusqu'à Henri IV. Bronze de différents modules. 53 pièces.

— n° 2. Louis XIII, Louis XIV jusqu'en 1630. Bronze. 56 pièces.

— n° 3. Continuation des médailles de Louis XIV jusqu'à l'an 1662. Bronze. 60 pièces.

— n° 4. Continuation des médailles de Louis XIV jusqu'à l'an 1669. Bronze. 59 pièces.

— n° 5. Continuation des médailles de Louis XIV jusqu'à l'an 1677. Bronze. 58 pièces.

— n° 6. Continuation des médailles de Louis XIV jusqu'à l'an 1686. Bronze. 58 pièces.

— n° 7. Continuation des médailles de Louis XIV jusqu'à l'an 1697. Bronze. 57 pièces.

— n° 8. Continuation des médailles de Louis XIV jusqu'à l'an 1714, et une médaille allemande en argent de la même année pour la paix de Radstadt. Bronze. 59 pièces.

— n° 9. Médailles de Louis XIV jusqu'à sa mort (1715). — Médailles de Louis XV jusqu'à l'an 1725. Bronze. 59 pièces. 1 AR. pour son mariage.

Tiroir n° 10. Continuation des médailles de Louis XV jusqu'à l'an 1744. Bronze, 59 pièces. AR. 2.

— n° 11. Coutinuation des médailles de Louis XV jusqu'à l'an 1774. Bronze. 58 pièces. AR. 3 pièces.

— n° 12. Fin des médailles de Louis XV. 1774, sa mort. — Médailles de Louis XVI jusqu'à l'an 1789. Bronze, 58 pièces ; étain, 5. AR. 7 pièces. Fer, 1.

— n° 13. République française jusqu'à l'an 1798. Bronze. 61 pièces ; étain, 6. AR. 11 pièces.

— n° 14. Bonaparte de l'an 1798 à 1803. Bronze, 54 pièces ; étain, 6 pièces. AR. 3 pièces.

— n° 15. Napoléon empereur, de l'an 1803 à 1806. Bronze, 60 pièces. AR. 7 pièces.

— n° 16. Napoléon empereur jusqu'à l'an 1809. Bronze, 57 pièces ; étain, 2; AR. 5 pièces.

— n° 17. Napoléon empereur jusqu'à l'an 1814. Bronze, 64 pièces ; étain, 2 ; argent, 16.

— n° 18. Fin de l'Empire, Restauration jusqu'à l'an 1845. AV., 1; bronze, 54; étain, 5; AR. 15.

— n° 19. Médailles du règne de Louis XVIII jusqu'à l'an 1824. Bronze, 72 pièces; étain, 2 pièces; AR. 13 pièces.

— n° 20. Règne de Charles X jusqu'à 1830, de Louis Philippe jusqu'a l'an 1833. Bronze, 51 pièces ; étain, 8 pièces. AR. 18.

— n° 21. Règne de Louis-Philippe jusqu'à l'an 1836. Bronze, 79 pièces ; étain, 9 pièces. AR. 5 pièces.

— n° 22. Médailles de la République de 1848, de Napoléon III. Bronze et étain, 113 pièces. AR. 2.

— n° 23. Même suite. Bronze, 11 pièces ; étain, 50 pièces.

Tiroir n° 24. Même suite. Bronze et étain. 75 pièces.
— n° 25.   —   —   77 pièces.
— n° 26. 23 jetons en argent et 37 en cuivre.
— n° 27. 40 médailles diverses en argent.
— n° 28. Médailles de la République de 1848, de Napoléon III. Bronze et étain. 73 pièces.
— n° 29. Environ 200 jetons en bronze.
— n° 30. Un lot de méreaux en cuivre.
— n° 31. Médailles de Pologne; suite gravée par Reichel. Médailles de papes. Bronze. 40 pièces.
— n° 32. Médailles anglaises. Bronze, 4 pièces; métal blanc, 16 pièces.
— n° 33. Médailles des rois de France, de Clovis à Louis XIV, de différentes séries, la plupart de 50 mill. Bronze. 40 pièces.
— n° 34. Médailles relatives au règne de Louis XVI, de la République, de la Restauration, de la gallerie de la fidélité, etc. 6 AR., bronze, 30; plomb, 3 pièces.
— n° 35. Médailles de la République et de l'Empire, 50 mill. Bronze, 37 pièces; AR, 3 pièces.
— n° 36. Médailles de l'Empire et de la Restauration, 50 mill. Bronze, 37 pièces; étain, 3 pièces.
— n° 37. Médailles du règne de Louis XVIII, 50 mill. Bronze, 39 pièces; étain, 2 pièces.
— n° 38. Médailles de Charles X et de Louis-Philippe, 50 mill. AR, 1 pièce; bronze, 39 pièces.
— n° 39. Médailles du règne de Louis-Philippe, 50 mill. 38 en bronze, 2 en argent.
— n° 40. Médailles de la République de 1848 et de Napoléon III, 50 mill. 21 pièces bronze, 18 étain.
— n° 41. Médailles du règne de Napoléon III. Bronze, 34 pièces; étain, 4 pièces.
— n° 42. Médailles diverses étain et cuivre. 40 pièces.

Tiroir n° 43. Médailles diverses de la Restauration. Bronze. 42 pièces.

— n° 44. Médailles diverses. Bronze. 40 pièces.

— n° 45. Médailles étrangères : Autriche, Russie, Suede, etc. Bronze et étain. 40 pièces.

— n° 46. Médailles étrangères : cathédrales, grands hommes. Bronze. 31 pièces.

— n° 47. Médailles étrangères. Bronze, 38 pièces, étain, 2.

— n° 48. Médailles des grands hommes, galerie métallique, séries numismatica. 40 pièces bronze.

— n° 49. Pièces grecques fausses. 24 AR, 26 Æ.

— n° 50. Pièce romaine des Padouans. Bronze. 38 p.

— n° 51. Médailles diverses : Louis XIV, XV, Henri II, Henri IV, duc de Luynes. etc. La plupart module 70 mill. Bronze. 24 piéces.

— n° 52. Lot à peu près semblable. Bronze, 24 p.

— n° 53. Médailles en partie du règne de Napoléon Ier. La plupart de 70 mill. AR, 1 pièce; étain, 2; bronze, 21.

— n° 54. Médailles semblables de Napoléon Ier, Louis XVIII, Charles X, etc. 1 AR, 18 Æ, 5 étain.

— n° 55. Médailles de Louis XIV, XV, XVI; République. Module 75 mill. 10 Æ; étain, 5.

— n° 56. Louis XVI, Charles X, Napoléon III. Module 75 mill. Bronze, 11 pièces; étain, 5 pièces.

— n° 57. Médailles diverses dont une médaille fausse de Louis XII et Anne. Bronze, 28 pièces.

— n° 58. Médailles diverses dont deux : la famille de Louis-Philippe; la grande médaille des chemins de fer, etc. Bronze et étain. 26 pièces.

Tiroir n° 59. Médailles diverses : Louis XII et Anne, Henri IV et sa femme, Henri IV, Louis XIII, Marie de Médicis, Marie Tudor, Richelieu, Mazarin, Séguier. etc. Bronze, 17 pièces. Ce lot sera divisé.

N. B. Au commencement et à la fin de la vacation, il sera vendu des lots non catalogués de Médailles grecques argent et bronze, de Consulaires et impériales romaines argent, grand, moyen et petit bronze, des Monnaies et Médailles modernes et du moyen âge en argent, billon et bronze, un lot de Sceaux moulés sur les anciens.

Deux Médailliers munis de leurs tiroirs, etc.

Renou et Maulde, imprimeurs de la Compagnie des Commissaires-Priseurs, rue de Rivoli 144.   28912